CONSCIÊNCIA JURÍDICA DOS DIREITOS HUMANOS

**Dados Internacionais de Catalogação na Publicação (CIP)
(Câmara Brasileira do Livro, SP, Brasil)**

Ñgala, Crisóstomo Pinto
 Consciência jurídica dos direitos humanos /
Crisóstomo Pinto Ñgala. – 1. ed. – Petrópolis, RJ :
Editora Vozes, 2021.

 Bibliografia
 ISBN 978-65-5713-181-7

 1. Condição humana 2. Consciência – Aspectos
jurídicos 3. Direito – Aspectos sociais 4. Direitos
humanos 5. Direitos humanos – Brasil I. Título.

21-57228 CDU-347.121.1

Índices para catálogo sistemático:
1. Direitos humanos : Direito civil 347.121.1
Maria Alice Ferreira – Bibliotecária – CRB-8/7964

CRISÓSTOMO PINTO ÑGALA

CONSCIÊNCIA JURÍDICA DOS DIREITOS HUMANOS

EDITORA VOZES

Petrópolis

© 2021, Editora Vozes Ltda.
Rua Frei Luís, 100
25689-900 Petrópolis, RJ
www.vozes.com.br
Brasil

Todos os direitos reservados. Nenhuma parte desta obra poderá ser reproduzida ou transmitida por qualquer forma e/ou quaisquer meios (eletrônico ou mecânico, incluindo fotocópia e gravação) ou arquivada em qualquer sistema ou banco de dados sem permissão escrita da editora.

CONSELHO EDITORIAL

Diretor
Gilberto Gonçalves Garcia

Editores
Aline dos Santos Carneiro
Edrian Josué Pasini
Marilac Loraine Oleniki
Welder Lancieri Marchini

Conselheiros
Francisco Morás
Ludovico Garmus
Teobaldo Heidemann
Volney J. Berkenbrock

Secretário executivo
João Batista Kreuch

Editoração: Leonardo A.R.T. dos Santos
Diagramação: Sheilandre Desenv. Gráfico
Revisão gráfica: Fernando Sergio Olivetti da Rocha
Capa: Renan Rivero

ISBN 978-65-5713-181-7

Editado conforme o novo acordo ortográfico.

Este livro foi composto e impresso pela Editora Vozes Ltda.

A
Sílvia Mungongo,
Dra. Margareth Nanga,
Dorismeire Almeida Vasconcelos,
Mário Vanzan,
Família Pinheiro,
agradeço e dedico esta filosofia.

SUMÁRIO

Prefácio, 9

1 Consciência jurídica, 13

2 Igualdade e dignidade, 30

3 A condição humana, 38

4 Da declaração à distorção dos direitos humanos, 43

5 Do direito à proteção da vida, 48

6 Participação ativa, 52

7 Da justiça ao direito, 56

8 Do direito à norma, 63

9 A sublimidade da justiça, 67

Referências, 77

PREFÁCIO

É sempre uma honra receber o convite de um amigo acadêmico para prefaciar o seu trabalho; sinto-me lisonjeado, e aceito com muito gosto participar deste exercício que se quer diário. Partilhei com Frei Crisóstomo Pinto Ñgala momentos muito interessantes na Faculdade de Direito da Universidade Católica de Angola, em debates nos quais pude testemunhar a sua grandeza acadêmica e o seu alto nível reflexivo, aliás, a sua mundividência.

"Dos erros humanos aos direitos humanos", frase valorativa que caracteriza hoje a necessidade de proteger, promover e divulgar os direitos humanos que, na sua essência, são inalienáveis, indivisíveis e imprescritíveis. A provocação mental de refletirmos sobre nós mesmos, um olhar atento à dignidade igualitária do ser humano e a liberdade como direito natural nos colocam como responsáveis de nós mesmos, do outro e da natureza, pelo privilégio genético da racionalidade. Ñgala apresenta uma verdade de pensamento que nos revela valores desprotegidos de normas criadas nas casas das leis do nosso tempo, onde se verifica o que ousadamente chamaremos de interesses normativos, ou seja, a capacidade que se verifica de criar uma norma que tutele interesses individuais, descurando valores intrínsecos à dignidade da pessoa humana.

A posição adotada várias vezes por Crisóstomo Ñgala suscita uma educação que se quer mais valorativa. Nela se verifica uma formação integral do homem todo e de todos os homens para que seja evidente a mudança de mentalidade, sendo possível "uma nova consciência jurídica" que tem como efeito "a paz e o respeito ao direito alheio".

Com a história, temos aprendido muitas lições de vida e principalmente sobre a distorção dos direitos humanos devida aos interesses inconfessos e quase sempre econômicos. Necessário é procurar uma estrutura conforme à dignidade do homem respeitando as regras da justiça.

Citando Ñgala, "hoje, temos enormes desafios quanto ao respeito, à proteção e à promoção desses direitos, porque promovem a vida". Essa ideia carrega consigo os valores intrínsecos à vida como direitos naturais, longe de qualquer convênio ou acordo.

A análise proposta pelo autor não só é atual, como é interessante, na medida em que promove o bem comum em detrimento do individualismo e devolve ao homem a responsabilidade de si e do outro: "proteger, respeitar e promover todas as formas de vida é um direito, uma obrigação e uma missão humana". Entender a profundidade de tal pensamento implica um esforço tal, que deve ser empreendido em conjunto, quer sejam pessoas singulares ou coletivas.

De resto, a presente reflexão vem a ser um valor acrescentado, no que tange à mudança de consciência jurídica, bem como a forma de olhar para o próximo, expurgando o individualismo, machismo, feminismo, capitalismo e todos os *ismos* que distorcem o real entendimento dos direitos humanos.

Ilustre Frei Crisóstomo Pinto Ñgala, a comunidade pensante agradece o fato de nos ter brindado com este trabalho de reflexão sobre a *Consciência jurídica dos direitos humanos*, sendo um transmissor de valores fundamentais à dignidade humana.

Daniel Joaquim*
Luanda, janeiro de 2020

---

* Daniel Joaquim é docente universitário, em Luanda, advogado, supervisor da área de litigação da Clínica Jurídica e coordenador do Tribunal Simulado de Direitos Humanos da Universidade Católica de Angola.

1
CONSCIÊNCIA JURÍDICA

CONVITE

O que você tem em mão é um convite. Obviamente não é um convite para jantar. É, sim, um convite à reflexão. Convite à reflexão filosófica. Enquadra-se no âmbito da Filosofia Jurídica. Pois a Filosofia tem uma palavra a dizer que possibilita uma *consciência jurídica dos direitos humanos.* Daí ser deselegante e pouco recomendável ler, subscrever ou discordar numa tacada só. Sendo um convite, o intuito é suscitar aspirações, alargar horizontes e despertar novos olhares *aos erros referentes aos direitos humanos.* A intenção é resgatar uma cultura jurídica, levantar uma discussão racional para a análise de elementos que garantem a segurança social por meio de uma segurança jurídica.

A vida não é uma ciência exata, e a questão jurídica não é uma matemática simples. Cada um de nós vive e carrega consigo um juiz interior que permite ter a consciência das respetivas ações, intenções, sensações etc. Este juiz interior chama-se reta razão. Porém, o ser humano não é um produto concluído, pelo que, a sua consciência forma-se, ao longo dos tempos, e a razão pode tender a várias inclinações. Para vivermos conjuntamente é fundamental a ordem. E, para manter vivo o ordenamento social, o ser humano precisa de normas, estruturas, instituições etc. Curiosamente, não é só de normas, estruturas e instituições que vive o ser humano. A ordem, no caso a ordem jurídica, assegura a estabilidade, sustenta e regula as relações humanas. Quando se fala em consciência jurídica, é a vida que está em causa e no centro das atenções e preocupações, mas também às especificidades da proteção e mediação jurídica.

Há conclusões e concessões de justiça equivocadas, enigmáticas e ambíguas, que fazem da justiça uma justificação e/ou reclamação de favores e privilégios, confundindo vontades com direitos. Quem lê jornais e revistas, ouve rádio ou vê televisão, tem acesso a meios digitais e está inserido em grupos de laços sociais, constata o paradoxo e equívocos em torno dos direitos humanos e sabe da insegurança jurídica que as sociedades vivem, tudo por força das distorções e desejos inconfessos. Em nossos dias, espetáculos de encenações midiáticas e manobras fazem com que as pessoas se refiram aos direitos humanos como se concentrados de boas intenções e de máximas de autoajuda se tratassem, ou como qualquer coisa que por meio de uma profissão de fé faz chegar à perfeição, ao céu ou à eternidade.

Acredito que há heresias jurídicas propagando-se cada vez mais, cujas ambiguidades – que devem ser reconhecidas e superadas – tendem a absolutizar certa compreensão de justiça, as quais, se identificadas a tempo e enquadradas nos marcos da condição humana, jamais ameaçariam a incorruptibilidade de uma sã consciência jurídica, que é direito e de direito humano.

Há um fato curioso que fez com que, das simples anotações que fazia, a partir da leitura de autores com insofismável autoridade no âmbito da Filosofia Jurídica, Aristóteles, Jeremy Bentham, John Stuart Mill, John Rawls, dentre outros, passasse a reservar momentos intensos e horas prolongadas para refletir em torno de casos difíceis e de difíceis questões jurídicas, morais e legais. O tempo que dispus, na verdade, era para entender como identificar uma forma precisa para avaliar casos de Direito, o que não é responsabilidade exclusiva de juristas; pois, muito mais hoje, vivemos tempos de forte apelo social por meio das redes sociais e das mídias. Querendo ou não, estamos sujeitos a advogar, a julgar ou, até, a sentenciar, porque a força da opinião pública interfere nos processos judiciais. Em nossos dias, o direito e a justiça são cada vez mais indispensáveis; todavia, estamos atravessando uma crise que, segundo o sul-coreano Byung-Chul Han, na *Topologia da violência* (2017), não reside no fato de que o estado de exceção se transformou em estado normal, mas no fato de que já não é mais possível haver qualquer estado de exceção; tudo está sendo absorvido pela imanência do igual. Ou seja, tudo está a positivar-se; a positividade perpetua a normalidade e, no caso, falta qualquer horizonte transcendental que remeta para além do simplesmente possível.

Vivemos sob o domínio da dimensão doxológica e aclamatória com sistemas e fórmulas jurídicas vazias se impondo.

Imagine-se o caso de Joseph K., em *O processo*, de Franz Kafka, quando é acusado, sem saber por que, nem por quem, mas com a força da lei se sobrepondo a ele. Outro caso, só para fazer menção, é o do sequestrador do ônibus (Willian Augusto da Silva), na Ponte Rio-Niterói, com 33 passageiros reféns (*O Globo*, 21/09/2019). Fato de difícil solução, cujo desfecho foi a morte do sequestrador por um *sniper*. O episódio mereceu censura em massa da sociedade, sobretudo pela comemoração de Wilson Witzel, então governador do Estado do Rio de Janeiro, ao fazer um gesto inusitado, expressando alegria pela morte do sequestrador e por ter sido poupada a vida dos 33 passageiros. Os comentários eram de que o desfecho não deveria ter sido aquele. São casos que levam a pensar sobre como fazer a coisa certa e, ao mesmo tempo, qual é a consciência jurídica que as pessoas têm dos erros e direitos humanos.

Ao deter-me em outros casos de claras violações e desrespeito à dignidade humana, dentre outras graves violências que tive acesso, em momentos de silêncio metafísico, a questão que orientou minhas reflexões e momentos até de angústia filosófica é esta: qual é o princípio supremo da justiça? De imediato, ocorreu-me a ideia de acreditar que há situações em que se perde a compreensão da pessoa humana. E imagino que se fale de um ser humano ausente, cuja condição não está presente.

Nós entramos no mundo via parto, e, para manter vivos os espaços humanizantes, precisamos da justiça. A justiça é inseparável da vida, porque não existe um ser humano em si, como a coisa em si kantiana. A justiça acontece onde há relações. E, segundo Nietzsche em *Humano, demasiado humano*, o primeiro sinal de que o animal se tornou homem é quando seus atos não se relacionam mais com o bem-estar momentâneo, mas com coisas duradouras, quando o homem pensa em utilidade e apropriação para um fim. O aumento da população e a vida em aglomerados sociais têm levado à criação de dispositivos para regular as relações humanas e garantir a segurança de todos e o desenvolvimento. Todavia, se precisarmos de dispositivos legais para viver é uma tristeza, é uma tristeza que vale a pena, porque precisamos encontrar segurança, amparo e consolo no que nos remetam a não extrapolarmos a nossa essência. Esse é um sinal de que percorremos um processo evolutivo que não deu certo, sendo que precisamos de um poder claramente reconhecido e predominante que nos obrigue, interfira, dissuada ou estimule a fazemos o que faríamos naturalmente para manter o instinto de autoconservação e viver.

* * *

Como se pode constatar, este convite é um itinerário que possibilita pensar a respeito de uma possível revisão dos marcos jurídicos obsoletos e repropor, por meios filosóficos, uma consciência jurídica que supere as distorções de princípios razoáveis, criados por interesses normativos, descurando valores intrínsecos à dignidade da vida.

É preciso entender que, ao longo dos tempos, os sistemas jurídicos nunca se apresentaram como imutáveis. As razões circunstanciais sempre tiveram o seu peso nas decisões jurídicas, a tal ponto que o apelo à reta razão do juiz, em caso da aplicação do Direito, sempre foi uma constante. Os sistemas possíveis para cada época e cada lugar – por exemplo, o *olho por olho e dente por dente* da lei de talião, criado na Mesopotâmia, naquelas circunstâncias era justo e, em dias atuais, é citado como o mais absurdo e desumano – confirmam que a compreensão que se tem da pessoa humana nunca foi a mesma. Ela evolui ao longo dos tempos. Os direitos também passam por mudanças históricas e estruturais; dependendo da constelação social, eles se modificam, mas não criam a justiça. Entretanto, apesar da avançada compreensão sobre a pessoa humana, em casos de delitos, a responsabilização do culpado e a recompensa da vítima são princípios que perduram ainda hoje. É de se lamentar que a mentalidade vingativa e punitiva tenha dominado a sociedade atual.

O pior é quando, para tornar leve o peso da vida, faz-se acreditar que a justiça é recompensa ou castigo. Com toda inocência, o parecer se torna ser e, conscientemente, perpetuamos um sistema judicial que pune o culpado e recompensa a vítima quando se extrapolam os limites do direito. Não, a justiça é cura. Sim, sou suficientemente otimista quanto ao ser humano e entendo que a justiça é cura, ela existe para sarar e tratar das insuficiências de uma sociedade doente que passou e passa por um processo de humanização que não deu certo. O culpado é punido, mas ele é apenas vítima das circunstâncias do processo de socialização. E é de lamentar quando o instinto de justiça ainda não é tão desenvolvido, quando há avançados estudos a respeito do ser humano e do nosso processo evolutivo.

A justiça não é cega (ou ao menos não deveria ser), ela é análoga à medicina que trata, controla, cuida ou cura problemas que ultrapassam a vontade do sujeito. O direito é o conteúdo dinâmico cujo núcleo estável é materializado por ordenamentos jurídicos.

* * *

Uma análise comparativa permite perceber que, por muito tempo, os seres humanos resolveram seus conflitos por meio da força. Basta prestar atenção às várias espécies de animais; os animais não dialogam nem discutem, atacam-se, e o mais forte se impõe e faz valer seu desejo. Da força física e bruta à força da palavra, evoluímos para o estágio da elaboração de fundamentos racionais e verbais que traduzem a vontade e o ideal humano para regular as nossas relações. Os dados disponíveis sobre como eram as redes de cooperação e relações entre as pessoas das antigas civilizações e cidades da antiga Mesopotâmia ao Império Romano dão conta que a ordem social sempre teve seu fundamento em crenças, mitos e ideais imaginários partilhados. E os nossos melhores veículos de acesso à civilização e cultura gregas, as literaturas filosófica e histórica, indicam que antes as pessoas defendiam-se diretamente perante júris populares. Daí, também, o nascimento da arte que habilita as pessoas a defenderem suas causas e lutarem pelos seus direitos por meio do aperfeiçoamento das faculdades persuasivas, comunicativas e orais: a retórica[1]. O

---

1 A retórica surge num decisivo momento histórico em que a democracia se impôs à tirania, no tempo de Péricles. Graças aos escritos de Platão, Isócrates, Aristóteles e Hugo Rabe, é possível saber que em Siracusa, por volta do século V a.C., o regime tirânico liderado por Gélon e Híeron expropriou as terras das populações para distribuí-las aos mercenários. Tendo sido destronada, a tirania, por efeito

historiador Yuval Noah Harari, no seu livro *Sapiens: uma breve história da humanidade*, diz que a maioria de nós é educada e aceita que sistemas jurídicos antigos, como o Código de Hamurabi, tinham bases míticas, "mas não queremos ouvir que os direitos humanos também são um mito" (2019).

A justiça sempre esteve inscrita na vida e na história humana. Os sistemas jurídicos, ao longo dos tempos, transformaram o direito em força, obrigação e dever de obediência, para garantir uma ordem, segurança e possibilitar a vida em comum, gerando ou não benefícios comuns. Portanto, isso foi e somente é possível porque as pessoas que acreditam se esforçam e agem em conformidade com uma ordem, na verdade, idealizada, imaginária e simbólica. E isso é possível quando há o concurso da inteligência em con-

---

da sublevação da democracia, as pessoas, para reaver as suas terras e propriedades, e repor a ordem, organizaram-se em grandes júris populares e cada um tinha que saber argumentar e ter habilidades comunicativas para reaver o que é seu por direito. Córax e Tísias de Siracusa foram os primeiros que elaboraram o primeiro manual de retórica, onde reconhecem a força persuasiva e magia da palavra expressiva e bem-cuidada. Vale referir que a oratória é uma parte, obviamente parte importante, da retórica. E a arte que surge no período em questão é a retórica.

cordância com a imaginação. E, como se diz, para manter um mito é preciso inventar outros. As constituições, tribunais, policiais, parlamentares etc. existem para permitir o convívio social em teoria, porque, na prática, são estruturas de manutenção do mito para fazer valer o mito dos direitos humanos.

No século XVIII, em 1776, para se garantir a independência e visar uma organização interna, a Revolução Americana encontrou força de sustentação e legitimidade de sua luta à Divina Providência e ao povo. Essa Revolução fez das aspirações do povo e da Divina Providência os fundamentos da Declaração da Independência dos Estados Unidos. No mesmo século, La Fayette esboçou um modelo forjado do formato de Thomas Jefferson, e entre a Queda da Bastilha (1789) e a ascensão de Napoleão, foram declarados os Direitos do Homem e do Cidadão, num período de verdadeiro terror, cristalizando o ideal de liberdade, igualdade e fraternidade, promovendo-se a secularização, mas com a convicção de *"un roi, une loi, une foi"* – "um rei, uma lei e uma fé". Ou seja, os direitos, que chegam a ser declarados como essenciais, inalienáveis e imprescritíveis, são constituídos a partir de um anseio social e seus contornos são forjados com vista a garantir a dignidade humana. Mas eles não são uma descrição real e objetiva. Eles são fruto de uma imaginação que vale a pena manter. A legalização é uma forma de localizar o direito que, pela mediação e proteção jurídica, assegura o desenvolvimento da promoção humana. Sua forma não é transformar a sociedade em uma sociedade de ordens e proibições com o plebiscito de uma obediência servil. Muito mais lamentável é verificar que quem estabelece as normas jurídicas são as elites, e elas legislam em causa própria.

* * *

A sabedoria dos antigos pensadores ensina que, pela nossa natureza, cada um de nós nasce e é um ser livre. Desse modo, o ato de se expressar está intrinsecamente ligado ao nosso ser. Expressar é exercer liberdade. A liberdade pressupõe imaginação, pensamento e consciência. Criatividade também. Cada um de nós tem o direito de pensar com a própria cabeça, usando as faculdades de que dispõe. A liberdade supõe um canal de expressão e um veículo de comunicação. Presume-se, assim, que cada um comunique e expresse o seu ser, não só por si e em si, mas entre outros seres. A liberdade é um ideal e não um fenômeno biológico ou fato, daí não haver uma definição clara que possibilite mensurá-la. A liberdade é sempre uma aspiração.

ECCE HOMO[2]

Vamos prosseguir este convite com uma questão ontoantropológica: Quem é o ser humano? Pelas inúmeras informações que dispomos a respeito do homem e da mulher, é comum deduzir que a questão não possibilita novas respostas. Ou seja, não é por escassez, mas é por excesso de informação a respeito do ser humano que fica difícil recuperar a real identidade, a condição e o ser do ser humano. Daí imaginar-se que é um assunto inconclusivo. Isso faz lembrar Francisco

---

2 Segundo a Vulgata, Pôncio Pilatos, ao apresentar Jesus aos judeus, teria dito: "*Ecce homo*", ou seja "Eis o homem" (Jo 19,5). As mesmas palavras foram usadas por Friedrich Nietzsche quando escreveu o *Ecce homo*, um livro sobre como a gente se torna a gente que é, entre a razão e a loucura, para dizer que não somos apenas produto da insânia. Então, eis o ser humano!

de Assis, que contrapõe à miséria do poder a alegria do ser, a simplicidade e a inocência. Assim, o essencial e o inegociável sobre, propriamente, a nossa condição cai no esquecimento ou é entregue à numinosidade[3], como se de assunto intocável se tratasse. Todavia, é de comum acordo que falar do ser humano não é o mesmo que analisar uma coisa, coisificada ou não. Fica, então, descartada a pergunta, como ponto de partida, "o que é o ser humano?"

Querer entender quem é o homem ou quem é a mulher implica saber o humano que cada um de nós é: tu, eu, nós, eles, estes, aqueles, aqueloutros, desta, daquela ou da outra geração etc. Trata-se de conhecer o que pergunta e o que se pergunta, no seu ser ativo e caráter processual, saber o seu gênero próximo e diferença específica. Daí, inúmeros pensadores considerarem que a forma certeira de abrir o debate em torno da natureza humana é: *Quem sou eu? Quem penso que sou? E quem são os outros? Quem eu era? Quem serei?* Como se pode constatar, é impossível,

---

3 Na filosofia kantiana, número ou noumeno é a coisa em si, a realidade que existe em si e independe de qualquer parcialidade e conhecimento humano. É o incognoscível e está além do fenômeno.

por meio de uma pergunta apenas, obter várias respostas. Essas são questões extremamente subjetivas, pelo que, do ponto de vista metodológico, entram em choque com os critérios exigidos para uma análise objetiva, sobretudo a imparcialidade. Mas, neste caso, o primeiro passo, é apartar-se, despir-se e, ao mesmo tempo, revestir-se da própria subjetividade, da própria condição de ser sujeito, fazendo o exercício de ser ativo e passivo ao mesmo tempo, na análise. O mesmo se aplica ao direito e à justiça, isto é, trata-se de um conteúdo de mim mesmo.

O homem, quem é ele? – Battista Mondin, inconformado, levanta essa questão e a coloca como título de seu livro, propondo-se a examinar elementos da Antropologia Filosófica e decifrar aspectos fenomenológicos, aparentes do ser humano (corporeidade, agilidade, religiosidade e todas outras manifestações), e metafísicos. "O ser humano, quem é ele!?", *esta* é uma incógnita existencial e essencial, mas incontornável, que serve de porta de acesso para desvelar o que é e o que ocorre com o ser humano.

De nada adianta a mecanização do ser humano com categorias administrativas e justificações formais (jurídicas) se o que é estabelecido como valor de domínio, universal, válido e possível de ser assimilado e espalhado a qualquer circunstância, colide com a realidade. Daí a justiça, muitas vezes, obter efeitos drásticos, poéticos e caricatos, cair no espetáculo de encenações midiáticas e muitos a procurarem com a quase certeza de que não estará em causa o seu direito, porque o Direito se curva à lógica do razoável, é contaminado pelo juridiquês, e a justiça se dobra a encenações dramáticas, cômicas ou trágicas.

2
IGUALDADE E DIGNIDADE

A vida não é justa, dizia Andréa Pachá. Esta autora, no início do prefácio de outro seu livro intitulado o *Segredo de justiça*, conta um curioso segredo: "somos todos iguais, na alegria e na tristeza" (2014). O professor e advogado José Roberto de Castro Neves, em seu livro *Como os advogados salvaram o mundo*, refere que "a igualdade entre os homens não é um fato: é um direito. Uma construção do gênio humano" (2018). Na verdade, fora da imaginação e sem a ideia de criação (Criador *versus* criaturas), a realidade objetiva e os fenômenos biológicos, desde os códigos genéticos de cada um até as diferentes influências ambientais, demonstram que nascemos e evoluímos de forma diferente. A igualdade é uma ideia e um direito, porque é fruto de uma construção do imaginário e ideal humano. Desse modo, a desigualdade também é uma construção, é artificial, no entanto, sujeita a ser desconstruída e decodificada. Já a diferença, não. A diferença é real e é um fato. Ou seja, as mais variadas diferenças entre os seres, mesmo entre seres da mesma espécie ou do mesmo gênero, são reais, factíveis e presentes na realidade objetiva. A igualdade é a base do direito, apesar de ser uma invenção e não prescrição real extraída da natureza.

As mais variadas desigualdades – sociais, econômicas, religiosas, políticas, regionais, anatômicas, fisiológicas etc. – postulam assimetrias, imprecisões e pactos. É fato que ninguém gostaria de nascer numa condição de subalternização, tal como ninguém pede para nascer, voluntariamente ninguém deseja sofrer, ser vítima de desrespeito ou de repreensão e perder sua dignidade por sua condição. O tema da desigualdade é complexo demais para ser apenas objeto de análise teórica, o recomendável é admitir que se está lidando com um mistério. Não se trata de desistir da questão, mas de adotar o realismo e servir-se de um método mais humano: reconhecer que somos um mistério para nós mesmos.

Tanto em nível pessoal como em nível social, somos compostos de partes e de detalhes que formam uma unidade dinâmica e rica em diversidade. Aspirar à eliminação das desigualdades não é ter por opção a adoção de critérios hegemônicos e homogêneos, que asfixiam a vida e impedem de reconhecer que somos somas de porções de liberdades.

Sabe-se que ninguém se basta a si mesmo. Sem um olhar constantemente atualizado a respeito do ser humano, fica difícil perceber que, mudando o olhar, mudam-se as relações. Um novo olhar possibilita resgatar a identidade humana, o sentido da sua existência e questionar a realidade a partir do que é o ser humano concretamente. No tocante ao nosso ser, Martin Heidegger diz que "o homem, quanto mais conhece o mundo que o cerca, menos conhece a si mesmo", e Alexis Carrel exclama: "Homem, esse desconhecido!" E a tradição judaico-cristã, salmodiando, reza: "[...] Que é o homem para que te lembres dele, o filho do homem para que com ele te preocupes?" (Sl 8,5).

Igualdade não é sinônimo de utilidade comum. Tal como o complexo assunto do público e do privado, cujas fronteiras nunca são claras, a ideia da igualdade é evidente nas diferenças e é muito mais benéfica do que as assimetrias, estas que muito mais ameaçam a dignidade humana. Ou seja, para garantir a vida em sociedade e permitir relações sadias entre as pessoas, é muito mais benéfico alegar haver igualdade (igualdade de oportunidade, direitos iguais, igualdade de acesso etc.) do que o contrário. Isso é consequência da nossa frágil condição humana, pois a nossa humanidade não é uma simples disposição subjetiva, mas característica de experiência mundana e um modo de ser adquirido.

Se, por um lado, cada um de nós é um sujeito único, uno, singular, indivisível, dotado de razão, ou seja, é indivíduo com personalidade própria; por outro lado, cada um de nós é peça e parte de um todo, pelo que ninguém é absolutamente separado dos outros. Somos seres em relação – com o outro e relação com todas as partes e peças que constituem a realidade. E a relação com o todo se dá de muitas maneiras. O outro e o todo são sempre desiguais para mim. Mas todos estamos vinculados por diversos laços. Nós os seres humanos nascemos com um potencial enorme de nos relacionarmos conosco, com os outros e com as demais criaturas. É pena que, estranhamente, há os que optam pelo isolamento, obstruindo a dimensão relacional que merece ser sempre aperfeiçoada. De igual modo, há os que entendem que há uma linguagem privada, perdendo a noção de que toda linguagem é pública, pois ela é parte inseparável do necessário caráter relacional humano.

Há muita coisa que rola em segredo de justiça, pouco compreensível às pessoas comuns, que, quando nos deparamos com o rol dos direitos humanos, parece que as pessoas vivem em mundos paralelos, uns podendo mais e outros podendo menos, mas sob a mesma esteira da igualdade. O conceito de direitos humanos é estruturado a partir da ideia de que todo ser humano possui qualquer coisa de essencial, inalienável e indissociável. Isto é, primeiro, que tal coisa é natural, ontológica e inerente a todos; segundo, de que há qualquer coisa de igual para todos; terceiro, de que tal coisa (ou coisas) é universal porque não se restringe a indivíduos ou a grupos isolados ou privilegiados. É uma ideia importantíssima e rica, mas rica de elementos excessivamente abstratos. Curiosamente, é uma ideia válida, a mais válida possível, porque é a única que fornece garantias jurídicas contra ações e omissões que atentam contra a dignidade humana.

O maior patrimônio de cada um é a possibilidade de ser único, mesmo quando tratado como número em estatísticas. A igualdade não é uma matemática simples de entender, sendo que a verdade sobre uma pessoa só pode ser vislumbrada a partir dela e do seu ponto de vista. A igualdade é sempre melhor do que a desigualdade. Curiosamente, Hannah Arendt destaca a pluralidade humana como condição da igualdade e da distinção. E, segundo o pensamento aristotélico, há igualdade quando estão presentes duas partes e duas coisas, nas mesmas proporções. Na verdade, assim ocorre quando há dois sujeitos, e cada um dispõe do que é seu por direito, em idênticas condições, dimensões, disposições e proporções. Essa é, então, a igualdade proporcional em que cada um dispõe do que lhe é equivalente, a partir do que é próprio e do que é comum.

Com uma ideia matemática sobre a justiça, certamente a vida nunca será justa para ninguém. Pois é vaidade pura querer calcular cada uma das ações e querer qualificá-la. Vivemos tempos em que somos dominados pelo excesso de positividade. É mais fácil enveredar pela ditadura do igual e da isometria, aniquilando as peculiaridades e diferenças, do que apreciar o poder da singularidade e da força vital. O espírito totalitário que tem se infiltrado no nosso imaginário não suporta tanta realidade. Daí ser mais fácil enveredar pela padronização e criar um império de controle que se articula, estrutura, forma e ordena por meio de direitos que só se aplicam a corpos sem órgãos, parafraseando Gilles Deleuze. Exatamente por isso, as pessoas perdem a capacidade de cuidar da vida, de cuidar da própria vida, ocupam-se com a vida dos outros e acabamos não tendo tempo para nós mesmos porque encontramos conforto e estamos sob jugos normativos de uma terra prometida onde não sei se, além de leite e mel, jorra mais direitos e mais dignidade! As pessoas vivem de imposições sumárias que visam ordenar a vida, mas por meios que aprisionam a justiça na imanência ou por promessas hipostasiadas e que, talvez, servem somente para pessoas que querem chegar ao céu e à eternidade.

Acredito que há amarras que libertam. Mas não concordo que as pessoas crescem, mudam, amadurecem e podem virar outras pessoas por decreto, tal como nenhuma lei transforma alguém em adulto, porque o amadurecimento é um processo de rupturas, sacrifícios, superação e desafios. Os elementos formais concentram e ritualizam desejos, impõem limites, garantem segurança, promovem uma adaptação que facilita a sobrevivência, mas não decidem e não atingem órgãos vitais. A evolução é um processo natural e a vida é o que acontece. Assim é a força vital. É interessante que os "seres humanos estão mais dispostos a sofrer, enquanto os males são suportáveis, do que a se desagravar, abolindo as formas a que se acostumaram", segundo consta na Declaração de Independência Americana de 1776, redigida por Thomas Jefferson.

3

A CONDIÇÃO HUMANA

A História, a Exegese, a Hermenêutica, a Paleontologia, a Geologia e demais âmbitos do saber aproximam-nos de exíguos vestígios que nos possibilitam especular e atestar que violações contra a dignidade humana sempre existiram, em maior ou em menor escala, ao longo dos tempos. Mas a questão é: qual é a condição humana? A condição humana é essa de ser a maior ameaça para o outro? É certo que, com uma ideologia universalista, soberba científica e crença dogmática, fica difícil penetrar no cerne da questão, sobre nossa condição. É mais fácil sermos pródigos e atentos em aspectos comportamentais, perdendo o pudor em adjetivos, em verbos modais e encontrarmos ecos na irracionalidade e em convicções fáceis, porque não suportamos tanta realidade sobre nós mesmos. Por isso, fica-nos difícil estarmos inseridos no mundo natural dos seres vivos e nos comportarmos como um ser da natureza entre outros seres. Nesse sentido, criamos uma constelação social em que o "nós" faz desaparecer o "eu", infantiliza o sujeito, foca-se em aspectos de comportamentos normais ou desviantes, e desvia-se da ideia de que o mundo é habitado por singularidades decididas, e não por egos isolados, egotizados, atomizando a sociedade.

É preocupante quando, em vez de criarmos ambientes apropriados e favoráveis à nossa humanização, enveredamos para sociedades de massas, massas improdutivas e com efeitos desumanizantes, mas cada um querendo ser a medida de todas as coisas para o outro e fazendo (ou não fazendo) ao outro o que não gostaria que lhe fosse feito. É certo que nossa condição humana é frágil e precisamos investir na alteridade, na pluralidade e na dimensão relacional; contudo, o que é importante para o outro cabe a ele saber e fazer (ou não fazer) o que ele gostaria que lhe fosse feito. E não a mim.

* * *

A par da lógica contratualista e positivista que rege as sociedades e tende a dominar todos os sistemas jurídicos, figura-se a lógica do direito natural, que postula um princípio salvífico da humanidade, quase sempre defendido por convicção. Daí, sua fragilidade. Autores como John Locke, Thomas Hobbes, Jean-Jacques Rousseau, dentre outros contratualistas, defendem ações que emanam da interação de interesses. Tais autores, seus precursores, posteriores e atuais protagonistas, a partir de necessidades existenciais fortes, postulam uma dignidade humana ligada à liberdade. Que liberdade? A ausência de obstáculos? Agir de acordo com a lei que imponho a mim mesmo, como propunha Kant? Eis a questão.

Uma nova consciência jurídica faz-se necessária para aglutinar e atualizar uma nova lógica da não violência, que salvaguarde a integridade física e moral das pessoas e que tire vantagens das contribuições e peculiaridades de todas as forças e energias sociais, equilibrando forças e interesses, visando garantir e assegurar os direitos fundamentais das pessoas e afirmar as razões da humanidade de cada ser humano. Ao mesmo tempo, fomentar a paz, como apregoava Benedito Juárez, líder mexicano, em cuja lápide está gravado: "A paz é o respeito ao direito alheio."

Se, por um lado, por meio da propagação do positivismo, defende-se a liberdade humana como pressuposto da escolha, aceitação de si e identificação com o que se quer, por outro, está a negação de cada um fazer o que é certo aos próprios olhos. Reconhece-se que o ser humano é sempre sujeito, ator, fim em si e de si. Não pode ser reduzido a meio, objeto ou coisa absorvida pela coletividade. Dessarte, entrecruzam-se os direitos pessoais e cívicos com os direitos coletivos.

Trata-se de considerar que as circunstâncias e os fenômenos circunstanciais que ameaçam e minam a singularidade de cada ser, que constitui a humanidade, são relevantes. Relevante também é descobrir o que distorce os laços humanos. Pensar a respeito "dos erros referentes aos direitos humanos" é fazer um exercício de aproximação dos valores inerentes e iguais a todos os seres humanos e encontrar o que significa ser um ser humano.

Um dado que gera imensas controvérsias é saber de onde emanam os direitos humanos. Em nossos dias, há "direitos" que são inventados em nome da dignidade humana. Até há quem altere a sua *ipseidade* e natureza por razões circunstanciais, distorcendo o direito em detrimento do desejo, da vontade própria e do privilégio.

4
DA DECLARAÇÃO À DISTORÇÃO DOS DIREITOS HUMANOS

Os erros cometidos no passado moveram as nações, os povos, as sociedade a declarar direitos universais (Declaração Universal dos Direitos Humanos) que servem de garantias jurídicas contra ações e omissões que atentam contra a dignidade humana. A pensadores das antigas civilizações, da antiguidade greco-romana, medievais e, até mesmo modernos, era inconcebível reconhecer direitos inerentes a todos de forma igualitária. Pensava-se que alguns nasciam para ter mais desejos e privilégios do que outros, daí as castas, as lutas de classes e os fossos estruturais que ainda subsistem.

Desde Thomas Jefferson, ao redigir, em 1776, a Declaração da Independência dos Estados Unidos, passando pela Revolução Francesa (1789) até à Segunda Guerra Mundial (1945), somente em 1948 é que as nações e estados-membro, quando da instalação da Assembleia Geral da Organização das Nações Unidas, se uniram e ousaram declarar, em um idioma universal, mas com sotaque ocidental, direitos iguais a todos: os direitos humanos. Com a Carta, será que todos os direitos foram declarados? Será que todos os direitos declarados naquele documento são humanos? De que seres humanos se tratavam e se tratam ainda hoje? São questões que levam a pensar nas conquistas e fracassos da Declaração Universal dos Direitos Humanos. Os direitos não podem ser absolutos nem absolutizados, apesar de toda pessoa humana ser sujeito de direitos inalienáveis.

A igualdade declarada não baniu a relação de subalternização entre as pessoas e as nações. Ao contrário, com a Declaração, tem ficado claro que há os que veladamente expandem sua mentalidade imperial, conquistadora e dominadora, que elaboram princípios reguladores para a humanidade, como se de mandato supremo e divino se tratasse. Isso é uma busca ingênua por verdades jurídicas. É como fazer passar por fato o que é apenas hipótese. Sem esquecer-se de que tais princípios foram declarados no início das independências às liberdades de muitos países africanos, quando algumas nações reivindicavam o reconhecimento do estatuto de pessoa aos seus povos. Reconhecidos e declarados os direitos humanos, criou-se uma instância ou entidade observadora para a sua garantia. A garantia da dignidade humana é coisa que passa por assumir uma relação, cuja realização depende do outro. A dignidade humana não pode ser deduzida da leitura literal, *ipsis litteris*, da Declaração, porque implica o reconhecimento de que cada pessoa humana é a única dona de si e única que se possui. Mas não proprietária de si.

Outra coisa que soa estranho é o fato de terem sido declarados apenas os direitos, e não os deveres humanos. Salvo, mais tarde, em outros diplomas. Parece que a intenção era mesmo elaborar, numa linguagem cheia de metáforas, o direito dos mais fortes. O balanço entre os que respeitam e infligem aquele documento é sempre infeliz, drástico e insatisfatório. Por isso, mais do que recuperar a identidade humana mediante tratados convencionais e internacionais, o ideal é evitar todas as formas de robotização da humanidade. Ninguém me dá o que é meu, por direito, quando o que é meu está comigo. Despertar, respeitar, valorizar e promover os direitos de cada um, constantemente asfixiados, anestesiados e alienados, não é um favor, é uma obrigação. Daí ser infeliz chegar a ponto de declarar e definir o que cada um pode e deve ser.

Há uma clássica distinção entre direitos humanos e direitos fundamentais. A longa luta que levou ao reconhecimento e declaração das aspirações de elementos essenciais e inalienáveis do ser humano fez com que tais direitos, quando assumidos constitucionalmente por um país, sejam chamados de direitos fundamentais, sem distinção ontológica dos direitos humanos. E todos os outros diplomas infraconstitucionais visam salvaguardar e respeitar a dinâmica dos direitos humanos.

O consenso, os acordos internacionais e o senso comum servem de primeira aproximação quando há bom-senso, dentre todos. Os direitos humanos são uma importante ferramenta de proteção e garantia jurídica. É preciso lembrar que não surgem com a Declaração de 1948. Estão ligados à natureza humana. E, hoje, temos enormes desafios quanto ao respeito, à proteção e à promoção de faculdades e garantias essenciais para o desenvolvimento da vida. A vida humana é uma vida, dentre outras, que depende das outras vidas, cada vez mais ameaçadas.

5
DO DIREITO À PROTEÇÃO DA VIDA

Uma análise atenta possibilita reconhecer que há uma origem e um destino comuns, há uma interdependência entre os seres vivos. A vida humana não é uma exceção que foge à regra. Tratar da nossa relação com outros seres da natureza parece uma suposição que soa estranha em matéria de direitos, a tal ponto que parece ser um assunto reservado a biólogos, ecologistas, ambientalistas, e não a filósofos ou a juristas.

Todos nós dependemos da biosfera e vivemos numa simbiose que, afetando o elo de equilíbrio da natureza, nos afeta também. Por isso, não se pode imaginar a dignidade humana sem uma vida digna de outros seres e sem uma realidade digna. Em relação a nós, seres humanos, por sermos livres por natureza, a nossa liberdade não pode anular outras formas de vida. A nossa liberdade nos dá o direito de agir com responsabilidade e reconhecer que somos seres dentre outros seres e cada ser vivo é importante no seu ser e para o nosso ser.

A qualidade da vida humana depende muito da de outras vidas. Porém, tal como o incêndio começa sempre com uma faísca, a extinção e a ameaça a qualquer vida, por minúscula e microscópica que seja, comprometem e colocam a vida humana em risco, com ameaça à extinção também. Por isso, em cada uma das nossas ações, é importante avaliar se o que queremos, podemos e devemos é digno para qualquer ente da natureza.

Todos nós não somos resultado de um acidente cósmico. Na natureza, formamos uma unidade orgânica. Daí, a mútua pertença. A filosofia e as religiões orientais intuíram muito cedo que o equilíbrio entre a ordem e a desordem é o que mantém a vida viva. A vida não é caótica, nem destruição.

Proteger, respeitar e promover todas as formas de vida é um direito, uma obrigação e uma missão humana. Nós, como diriam K. Marx e F. Engels (2018), "somos a soma total das nossas relações". Se há um direito humano, há também um direito social, ecológico e cósmico. Tudo tem a ver com tudo em todos os lugares e momentos. A destruição das partes da biosfera inviabiliza a vida humana. O instinto de violência, o ódio e a vontade de poder e de dominação geram conflitos e instabilidades que se voltam e revoltam contra o próprio gerador. E o ser humano lidera essa lista.

O ar que respiramos, o alimento que comemos, a água que tomamos, o lugar em que habitamos, continuam ainda longe das nossas preocupações, como se em nada importassem para a dignidade humana. A compaixão universal faz-se necessária para a preservação da vida digna. Todos temos o mesmo valor por direito e somos diferentes por sorte.

É curioso que a Biologia prove que, nos seres humanos de genitália masculina, seus cromossomos são XY. Quer dizer, metade homem, metade mulher. E a Paleontologia confirma que há uma origem comum, dentre as espécies. Já a Física moderna demonstra que o tempo é relativo. Quer dizer, as diferenças biológicas, sexuais, raciais, dialógicas, diastráticas ou diafásicas confirmam que não somos e nunca seremos homogêneos. Todavia, se há uma origem e um destino comuns, há um bem comum a ser preservado, embora, por sorte, sejamos diferentes.

6
PARTICIPAÇÃO ATIVA

Entre as dificuldades que os que lutam pela liberdade de expressão devem enfrentar estão os monopólios. Os que detêm o poder sobre as plataformas e ferramentas de comunicação de massa constituem uma minoria muito restrita que dita e condiciona o que deve ser expresso e dito, por meio das linhas editoriais. Assim, na prática, a liberdade de expressão por meios expansivos é leiloada e concedida a poucos.

A verdade é que a liberdade de expressão tem a ver com o direito a comunicar, expressar, ser sentido, percebido e entendido. E é curioso que a tão reclamada liberdade de expressão emana da liberdade de impressão. No contexto histórico imediatamente posterior à invenção de Johannes

Gensfleisch zur Laden zum Gutenberg que revolucionou a imprensa, imprimir em papel qualquer pensamento era sinônimo de exprimir o que deve ou não ser dito. E só poderia ser impresso o que convinha à classe dominante. Basta lembrar o contexto do *Index Librorum Prohibitorum* (Índice dos Livros Proibidos). Assim, vencida a batalha da liberdade de imprimir, surgiu a liberdade de imprensa. Recorde-se que liberdade de imprensa não é a mesma coisa que liberdade de expressão. Esta é mais abrangente e dá-se de e por diversos meios de comunicação.

O direito à liberdade de expressão começa com o direito de pensar com a própria cabeça e manifestar o que se passa consigo. A liberdade de expressão dá-se por meios pictóricos, sonoros, escritos, digitais, analógicos, interpessoais e outras formas de expressão. A liberdade de expressão, como tal, é um direito reconhecido recentemente, na ordem das várias gerações dos direitos humanos.

Para aprimorar a consciência humana sobre os seus direitos, há vários estudos, declarações e publicações que dividem os direitos humanos em gerações. Assim, na primeira geração, constam os direitos cívicos que se pautam nos fundamentos existenciais, nas condições essenciais para a existência e nas liberdades. A segunda geração tem a ver com o direito à participação. E, na terceira geração, constam os direitos sociais, isto é, o direito à saúde, trabalho, educação, assistência etc. A última geração, a quarta e a mais recente, tem a ver com o direito à participação ativa.

Essa última geração é o somatório, síntese e efetivação das anteriores. Se, por algum tempo, a liberdade estava coartada ao nível do liberalismo, em que, como reação conservadora à Revolução Francesa (1789) aspirava-se ao mercado livre, à livre-produção e distribuição privada, e era vista como algo negativo, a geração do direito à participação ativa sustenta a liberdade republicana ou política e faz com que cada sujeito passe de habitante à pessoa ativa, com opinião própria que pesa na opinião pública. Isso empodera os meios de comunicação. E essa participação tem a ver com o envolvimento dos cidadãos de forma igual nas decisões da vida da *polis*, à maneira dos atenienses da antiguidade grega, pela qual, segundo Hannah Arendt, o seu contributo incidia diretamente no planejamento, na execução, na avaliação e nos resultados das políticas públicas.

Não podemos nos iludir com os meios de comunicação de massa que, transformando a expressão humana e a informação em mercadoria, assumem o poder de criar novos mitos e tabus. Mais do que cairmos no encantamento, temos de ter tempo de examinar a concepção de ser humano que assumimos. E é possível passar do erro à verdade.

7
DA JUSTIÇA AO DIREITO

Comum e constantemente fala-se em direitos, direitos humanos, Direito Canônico, Direito Romano, Faculdade de Direito etc. De igual modo, são frequentes expressões como "fazer justiça", "fez justiça por mãos próprias", "aqui a justiça não funciona", "o ministro da Justiça" etc. E não é raro ouvir que justiça e direito são a mesma coisa, como se palavras sinônimas fossem, apenas com étimos diferentes, mas que dizem a mesma coisa. São?

A verdade é que o direito é a aplicação da justiça. Por ser aplicação, o direito não é tudo do tudo quanto é a justiça. E, em outras palavras, o direito, do ponto de vista jurídico e filosófico, vem depois da justiça. Primeiro a justiça, depois o direito e, por fim, a reivindicação do direito, restabelecendo a justiça. Ocorre toda essa confusão porque muitos entendem que a "justiça é dar a cada um o que lhe é devido por direito", como que, depois que determinam os direitos de cada um, reivindica-se a justiça para a reposição de um direito violado. Por sinal, é pensamento platônico o "dar a cada um o que lhe é devido por direito".

Ao menos, segundo o realismo aristotélico, a justiça é a mais perfeita e elevada excelência, a virtude das virtudes. Aristóteles, no livro V da *Ética a Nicômaco* e no livro I da *Retórica*, pontualmente considera que a justiça é a virtude total, é a excelência moral praticada em relação a si e ao próximo. É preciso reparar que justiça não é algo que existe de forma isolada, escondida ou a solta por aí, como se de um sujeito personificado se tratasse, ou sendo apenas um ente de razão. A justiça é uma disposição humana. E, para que haja justiça (ou a injustiça, também), são necessárias duas partes e duas coisas. Assim, justiça é o justo a cada um, sem excesso nem defeito. Só se pode reclamar justiça havendo o que é justo, o que é próprio da coisa, o que é, o ser de tal coisa. Aristóteles usa expressões como *tò dikaion* (o justo), *dikastés* (juiz) e *dikhastés* (o meio), para esclarecer que a justiça está na relação, na relação equilibrada, no justo meio. E o juiz é um terceiro sujeito, desvinculado das partes, a quem se recorre para mediar, reestabelecer e criar equilíbrio entre as partes, repondo o justo meio, em caso de violação do direito de alguém, por excesso ou por defeito.

Também é usual imaginar que a justiça significa cumprir a lei. *Stop aí, please!* A lei é um dispositivo que serve para regular as relações humanas, incentivar e estimular o bem e a evitar o mal. Sem adentrar muito os detalhes e a discussão sobre lei natural e lei positiva, vale referir que toda lei é para a excelência. Contudo, é preciso ter o cuidado de não encarar a lei como um preceito pronto, perfeito, certeiro e sempre eficaz, porque a lei positiva pode ser injusta.

Quando falamos em lei injusta, tratamos sempre da lei positiva (constituições, decretos, códigos etc.). Ocorre que a lei trata de aspectos comuns e iguais a todos. Nem tudo é previsto ou prescrito pela lei. E há casos particulares em que é impossível estabelecer um princípio comum e legislar, como diria Aristóteles. Importa a reta consciência, sobretudo na leitura leal do espírito da lei, quando se apresenta insuficiente. O juiz, segundo o caráter teleológico da sua existência, é apenas um mediador que se encontra diante de duas partes que reclamam a reposição da legalidade. Curiosamente, Henry David Thoreau, em *A desobediência civil*, refere que as leis nunca fizeram os homens nem um pouco mais justos.

O pensamento aristotélico é retomado, aqui, para esclarecer que justiça não é entrar nos prédios de tribunais e nem é qualquer coisa que é cega, institucionalizada, com linguagem técnico-jurídica e que se serve da força da lei para fazer valer sua autoridade e desempenhar seu papel. Tudo isso serve apenas para permitir o convívio social e regular as relações humanas. Pois, basta que as pessoas parem de acreditar nesse modelo de operar a justiça para que toda esta estrutura institucionalizada caia. Haverá, então, de surgir outra forma mais (ou menos) eficaz que garanta a segurança, a dignidade e relações sadias entre as pessoas.

Continuando na senda da legalidade, algumas vezes sou tomado por um ataque de riso quando ouço que "isso deve ser cumprido ou não deve ser feito" porque está ou não está prescrito no Direito Canônico. Fico apavorado porque, em palavras simples, objetivas e miúdas, "direito" significa aquilo que o sujeito lhe é permitido fazer, gozar e ser respeitado no seu usufruto. Quer dizer, é aquilo que possibilita uma garantia ao sujeito. Meu pavor dá-se quando percebo que, para muitos, direito é um "deve ser" e um dever de obediência canina. Quando se perde o sentido real do conceito, aquele que deu origem ao termo, transita-se para um campo semântico totalmente oposto, mutilado ou redutivo, criando-se a ideia de que qualquer instrumento que sirva para regular é uma determinação categórica e preceito de dever. Não. A reta razão é a base e o princípio supremo da justiça. Qualquer preceito, norma, regra ou princípio estabelecido, como se de *menu*, cardápio ou receita para a humanidade se tratasse, não serve. Ao menos, sustento que não há receita pronta e perfeita para as relações humanas, muito menos um direito formal preceituado como instrumento real e leal. Há horizontes, diretrizes, princípios, ideias condutoras e reguladoras das relações.

A Filosofia Jurídica, que muito deve ao pensamento aristotélico, sustenta que o princípio corretivo da lei é a equidade. A equidade é uma disposição que supera as insuficiências ou os excessos da lei, aplicando a lei em cada caso, na justa medida e na reta intenção, em vista do bem comum. Agir segundo a reta razão, para o caso, é palavra de ordem. A emoção, a comoção, a intuição, a empatia e todas as outras paixões são importantes. E agir segundo a reta razão não significa agir como se fosse possível isolar a razão e deixá-la atuar. É agir com tudo o que cada um é, mas não segundo o que cada um quer e gostaria de ser só para si. E, sim, agir visando prevalecer o bem maior para o maior número de beneficiários.

Uma última nota que deve merecer um reparo, quando falamos da justiça e do direito, tem a ver com as nossas ações. Toda ação só pode ser justa ou injusta quando é voluntária, e a sua execução depende da deliberação do agente. O tema da voluntariedade é tão importante que inúmeras pessoas são julgadas e condenadas injustamente, tão somente porque o nível ou grau da sua deliberação voluntária nunca é examinado, retendo-se apenas na avaliação do impacto que tal ação gerou. Todo sujeito deve ser culpado ou imputado a responder pelos próprios atos quando o ato que pratica, pratica-o de forma consciente, sabendo o que faz, a quem, a quê e com que propósito. Vários exemplos poderiam ser mencionados aqui.

Limito-me a dizer apenas que, em todos os casos em que a ação que não conta com a deliberação do sujeito ou em que o sujeito agiu de forma compulsiva por força das circunstâncias, o sujeito não pode responsabilizar o sujeito, pois não contou com o concurso intencional de sua vontade. Esse é um assunto muito fértil e ainda em construção, que merece ser aprofundado no âmbito do Direito e da Filosofia.

8
DO DIREITO À NORMA

O ser humano normal é normativo. Ou seja, salvo anomalias ou circunstâncias atípicas, a vida em sociedade obriga-nos a ter elementos que guiem as nossas atividades. É obrigação da coletividade a norma e o direito, ter um nome, seguir um calendário, as horas e outros dispositivos que nos vinculam. Se o direito tem a ver com o que segue reto, isto é, o *reto agir*, *reto pensar*, *reto fazer*, a norma é a regra reta, o *orthos* em grego. A norma implica uma obrigação, impõe um valor. Porém, a norma justifica-se pelo valor que representa e não pelo que obriga. É possível, portanto, questionar a validade da obrigação.

Esse esclarecimento sobre a norma é geral e inclui normas codificadas e não codificadas. As pessoas ouvem falar muito mais das normas jurídicas, isto é, de normas constitucionais, mercantis, contratuais, criminais, penais, processuais etc. Mas há normas que escapam à codificação: etiquetas, boas maneiras, valores morais e éticos. As normas guiam nossas atividades, mitigam comportamentos indesejáveis, aplacam conflitos e divergências, estimulam bons comportamentos.

Os valores normativos são superrogatórios[4] e deontológicos. As permissões, obrigações ou proibições normativas são definidas pelo contexto, pois envolvem a ação e a situação. A norma pode apresentar-se como ordem, mas também como um conselho. Quer dizer, é indicação entre o obrigatório, o necessário e o conveniente. A obrigatoriedade da norma, sua garantia está no que admite. A norma passa a ser necessária quando é garantia em todas as possibilidades.

Então, a norma é conduta facultativa? Para essa questão, vale entender que toda norma é um ideal que indica uma meta a alcançar. A norma está exclusivamente ligada às nossas ati-

---

4 Superrogatórios são atos em que o agente sacrifica seu bem-estar em detrimento dos outros, sem necessidade de fazê-lo. Trata-se de ir além do dever.

vidades. O direito, não. A ação é intencional, sim, reativa ou proativa. A atividade é o que não necessariamente depende da intenção do agente. Há atividades praticadas por nós que escapam à nossa vontade consciente. O que é que quero referir com isso? Apenas levar a ter em conta que, na passagem do direito à norma, está a passagem do facultativo para o obrigatório. A formação e o poder da norma se configuram somente depois do direito. A obrigação, a proposta, a orientação ou o regulamento da norma, a imposição da norma supõe que os seus destinatários sejam capazes de adaptar-se e submeter-se a ela. Vale lembrar que estamos fazendo menção a normas explícitas e implícitas.

Há normas de conversação, de reação às emoções, de participação a um ritual coletivo, de transação comercial. As normas guiam a vida diária e ordinária. Não temos como evitar configurações normativas explícitas. Todavia, é supérfluo declarar obrigatório o que é necessário.

Os direitos são proposições essenciais à vida humana. Há direitos formais ao ser humano, em torno dos quais se produzem crenças gerais, passando de "o que é" para "o que deve ser". É preciso ter atenção, porque facilmente se pode reduzir o normativo ao descritivo, o direito ao fato. Seguir uma norma é uma prática, não uma crença. Como diria Leibniz, "um direito que não tenha o efeito de direito é nulo". O mesmo diria Tomás de Aquino em relação a leis injustas. O próprio teor de um direito não é ser um imperativo, mas um juízo possível.

9
A SUBLIMIDADE DA JUSTIÇA

No simples fato de você acordar, caminhar pela estrada, atravessar uma ponte, usar a passarela, segundo John Rawls, você já está cumprindo uma lei, já está seguindo uma norma. No dia a dia, estamos submetidos a consentimentos hipotéticos, segundo Kant, cujo contrato social não seria resultado do consentimento de toda a população. A vida coletiva é regida por princípios cujo acordo pode ser justo ou apenas hipotético.

Os limites morais da norma ou da lei devem resultar de acordos em que predominem a vontade das partes, e partes independentes. Atualmente, a maioria das sociedades é regida por convenções, cujo critério de consentimento é a representatividade. As normas e os códigos podem tornar-se claramente injustos, sendo que a força da maioria que representam é que predomina. Todos se sujeitam. Eis a questão: qual é o princípio supremo da justiça?

É preciso ter em conta que o que estamos trazendo à reflexão não é um estudo localizado, mas tão somente um olhar filosófico. Nosso interesse é o aspecto honorífico da justiça, olhar para a natureza e o propósito da justiça. Se na vida em sociedade estamos ligados por laços que não escolhemos, é preciso ter clareza sobre o que é certo, sobre o que é bom e o que proporciona uma vida em comum saudável e melhor.

UTILITARISMO

Para muitos, o princípio supremo da justiça é a maximização do bem-estar da sociedade, proporcionando satisfação e levando as pessoas a fazerem coisas certas. Para essas pessoas ou essa corrente de pensamento, na distribuição justa e na livre-troca de bens e serviços sem restrições está o ponto mais alto da justiça. Assim, dar às pessoas o que elas merecem, respeitando suas liberdades individuais, é respeitar os direitos de cada um. Os que defendem tal posição são os utilitaristas.

O utilitarismo deprecia a ideia de direitos naturais. Sobretudo Jeremy Bentham (1748-1832) considera-os um absurdo total. Tal corrente está interessada em maximizar a felicidade, entendendo a dor e o sofrimento como obstáculos à sua realização. Os defensores do utilitarismo apoiam-se na ideia de que a noção de certo ou errado, no caso, de justo ou injusto, deriva do prazer ou da dor.

A maioria dos utilitaristas concorda que o respeito ao direito humano passa por fazer bem a alguém e deixá-lo ser feliz. Kant critica essa corrente porque, para ele, a dignidade e o respeito ao direito humano não devem ser baseados em permitir que cada um seja dono de si mesmo, que se satisfaça. Kant entende que o fundamento da dignidade e do direito humano está na racionalidade e capacidade que cada um tem de pensar, agir e escolher livremente. Na senda de Kant estão tantos outros liberais que dizem que a racionalidade e a liberdade são o que temos de mais comum.

LIBERALISMO KANTIANO

É verdade que não somos meras criaturas movidas por apetites e dominadas pelo prazer ou pela dor, daí a racionalidade. Kant entende que o princípio supremo da justiça consiste em agir de acordo com a lei que cada um se impõe a si mesmo, de forma autônoma e absoluta. É certo que sem autonomia não é possível a responsabilidade. Mas quem está imune à força e às leis da natureza? Minha razão determina minha vontade, mas quem não está sujeito a obstáculos? Será que tudo quero, posso e mando?

Kant apresenta um princípio categórico incondicional. A carga, porém, que apresenta ao sustentar que o ser humano é um fim em si mesmo, por ser racional, por sua dignidade ter valor intrínseco, faz com que se caia no extremo da individualidade, o individualismo. Todos nós somos, sim, autônomos, mas ninguém é proprietário de si. John Stuart Mill (1806-1873) defende que as pessoas devem ser livres, desde que não façam mal a ninguém. Nesse caso, quando alguém não prejudica o outro, sua independência é absoluta. É certo que a liberdade é necessária para a justiça. Entretanto, a liberdade de escolha encontra limites na noção de propriedade, daí pensar em até que ponto nossas escolhas são realmente livres. De acordo com o princípio categórico kantiano, se eu cometer homicídio voluntário ou tirar a própria vida – suicídio – por própria vontade, para me livrar de algo, estou me comportando como meio de uma vontade própria.

* * *

Todo ordenamento jurídico serve para preservar e salvaguardar os direitos das pessoas. O direito é humano na medida em que não contradiz a natureza e condição humana. Os direitos fundamentais, os declarados, são um válido controle para a aplicação da justiça. Os direitos e deveres humanos são declarados e nascem a partir de um anseio. A força do seu conteúdo emana da sua garantia. E seus contornos são forjados de forma lenta. Se em 1776, com a Revolução Americana foram declarados direitos para garantir a independência dos povos norte-americanos, tais direitos serviram como fundamento da nova nação visando uma organização interna. Curiosamente, a legitimidade foi atribuída à Divina Providência e ao povo. Em 1789, com a Queda da Bastilha e início da Revolução Francesa, numa fase de verdadeiro terror, foi cristalizado um código de leis acessíveis e aspirou-se a uma declaração que formalizasse os direitos do homem e do cidadão. Os direitos declarados por meio da Revolução Francesa foram forjados no formato do da Revolução Americana. Curiosamente, os direitos declarados na França superam, em muitos aspectos, os da Revolução Americana. Mas também excediam em vários outros aspectos, entre os quais a acepção da palavra homem e a ilimitada compreensão da liberdade.

A história mostra que, se há mil anos os povos estavam organizados em grupos diferentes e tinham modelos políticos também diferentes, em nossos dias as pessoas de quase todo mundo estão em contato umas com as outras e compartilham cada vez mais crenças e práticas comuns e idênticas. Se há mil anos os feudos competiam com as cidades-estados na Europa; se o califado reivindicava soberania universal diante de reinos, sultanatos e emirados, no mundo muçulmano; se os impérios chineses acreditavam ser a única entidade política legítima, em confederações tribais que lutavam entre si; se a Índia continha um caleidoscópio de regimes; se, na Ameríndia, havia os respetivos caciques; se, na África, os manis e respectivas soberanias etc.; ou seja, se há mil anos cada sociedade tinha um paradigma social e político muito diferente de outros, em nossos dias, segundo o historiador Yuval Noah Harari em *21 licões para o século 21*, o planeta está dividido em cerca de duzentos estados soberanos que geralmente concordam com os mesmos protocolos diplomáticos, compartilham de leis internacionais comuns e desfrutam de direitos semelhantes. Ou seja, um mar de povos diferentes, em nossos dias, compartilha crenças em direitos humanos, em sufrágio universal e práticas políticas semelhantes.

As nações e estados tendem, cada vez mais, a usar o discurso dos direitos humanos, ao menos na opinião pública. E mais: praticamente, para se obter um controle duradouro em qualquer território significativo, além de mitos fundadores, os direitos humanos se tornaram parte do discurso cada vez mais necessário. Isso faz com que os direitos humanos sejam parte da ordem política planetária. Inclusive, os hinos nacionais de cada país possuem conteúdos similares em matéria de defesa, reivindicação e promoção de direitos, valores unitários e liberdades das pessoas e povos.

O desafio atual, ou melhor, o grande desafio para todos é precisar a compreensão sobre o ser humano. Nem sempre o que cada um é, o é porque quer. O meio e o contexto sócio-histórico condicionam e determinam a forma de pensar, sentir, falar, agir, reagir, viver etc. Essas são marcas que nunca deveriam ser ignoradas, porque constituem a condição humana.

Até aqui fizemos um convite a redimensionar o olhar em torno da condição humana, da dignidade humana e do novo rumo que merece tomar a justiça formal, ativa e institucional. Há certezas jurídicas que não produzem efeitos duradouros porque negligenciam o olhar em torno do ser de cada um e o que cada um é. Por força disso, não devolvem a dignidade a ninguém.

O que limita as aspirações e comportamentos humanos é válido porquanto contribui para a transformação pessoal e social a partir de dentro. Porque, mudando o interior e o pensamento das pessoas, mudam o comportamento, o sentir e o viver das mesmas e o seu redor. Esse é um desafio cultural, espiritual, educativo, ético etc., não somente das instituições jurídicas, que muito mais atuam por meio de leis, normas, regulamentos, códigos etc. Estas que onde nem condições de ensinar, orientar e educar há, na maioria das vezes, chegam para vigiar e punir.

Estou certo de que, na tentativa de propor uma *consciência jurídica dos direitos humanos*, tenha evidenciado limitações e insuficiências sobre o assunto. A intenção não é dissipar dúvidas, esclarecer elementos jurídicos, criticar a Declaração Universal dos Direitos Humanos ou desvalorizar a necessidade de tornar positivos os direitos fundamentais. Ao contrário, o único propósito é fazer um convite e despertar interesse sobre a consciência jurídica que se deve formar em torno da dignidade e dos direitos humanos. Pois, entre o possível e o ideal, é preferível aceitar a realidade e a verdade salutar.

REFERÊNCIAS

ARENDT, H. *A condição humana*. Trad. R. Raposo. 9. ed. Rio de Janeiro: Forense Universitária, 1999.

ARISTÓTELES. *Ética a Nicômaco*. Trad. M.G. Kuri, 3. ed. Brasília: UnB, [19--].

_____. *Arte retórica e arte poética*. Trad. A.P. Carvalho. Rio de Janeiro: Ediouro, [19--].

_____. *Retórica*. Trad. M. Alexandre Jr. São Paulo: Martins Fontes, 2012.

CHESTERTON, G.K. *O que há de errado com o mundo*. Trad. L.M.C.S. Dutra. Campinas: Ecclesiae, 2013.

DELEUZE, G. & GUATTARI, F. *O que é a filosofia?* Trad. B. Prado Jr. e A.A. Muñoz. 3. ed. São Paulo: Ed. 34, 2013.

FERRY, L. & VINCENT, J.-D. *O que é o ser humano?* Trad. L.M.E. Orth. Petrópolis: Vozes, 2011.

GUARESCHI, P. *O direito humano à comunicação*. Petrópolis: Vozes, 2013.

HAN, B.-C. *Topologia da violência*. Petrópolis: Vozes, 2017.

HARARI, Y.N. *Sapiens*: uma breve história da humanidade. Trad. J. Marcoantonio. 47. ed. Porto Alegre: L&PM, 2019.

_____. *21 lições para o século 21*. São Paulo: Companhia das Letras, 2018.

KANT, I. *Primeiros princípios metafísicos da doutrina do direito*. Trad. C.A. Martins. Petrópolis: Vozes, 2019.

LAITANO, J.C. *Essa coisa chamada justiça*. Petrópolis: Vozes, 2002.

MARX, K. & ENGELS, F. *Manifesto do Partido Comunista*. Trad. A.C. Braga. São Paulo: Lafonte, 2018.

NIETZSCHE, F.W. *Humano, demasiado humano*. Trad. A.C. Braga. São Paulo: Lafonte, 2018.

PACHÁ, A. *A vida não é justa*. 3. ed. Rio de Janeiro: HarperCollins, 2017.

_____. *Segredo de justiça*. Rio de Janeiro: Agir, 2014.

PAINE, T. *Os direitos do homem*. Trad. J. Clasen. Petrópolis: Vozes, 2019.

ROBERT, P. *Sociologia do crime*. Trad. L.A.S. Peretti. 3. ed. Petrópolis: Vozes, 2011.

SANDEL, M.J. *Justiça*. Trad. H. Matias e M.A. Máximo. 6. ed. Rio de Janeiro: Civilização Brasileira, 2012.

THOREAU, H.D. *A desobediência civil*. Trad. A. Sobral. Petrópolis: Vozes, 2019.

CATEQUÉTICO PASTORAL

Catequese – Pastoral
Ensino religioso

CULTURAL

Administração – Antropologia – Biografias
Comunicação – Dinâmicas e Jogos
Ecologia e Meio Ambiente – Educação e Pedagogia
Filosofia – História – Letras e Literatura
Obras de referência – Política – Psicologia
Saúde e Nutrição – Serviço Social e Trabalho
Sociologia

TEOLÓGICO ESPIRITUAL

Biografias – Devocionários – Espiritualidade e Mística
Espiritualidade Mariana – Franciscanismo
Autoconhecimento – Liturgia – Obras de referência
Sagrada Escritura e Livros Apócrifos – Teologia

REVISTAS

Concilium – Estudos Bíblicos
Grande Sinal – REB

PRODUTOS SAZONAIS

Folhinha do Sagrado Coração de Jesus
Calendário de mesa do Sagrado Coração de Jesus
Agenda do Sagrado Coração de Jesus
Almanaque Santo Antônio – Agendinha
Diário Vozes – Meditações para o dia a dia
Encontro diário com Deus
Guia Litúrgico

VOZES NOBILIS

Uma linha editorial especial, com importantes autores, alto valor agregado e qualidade superior.

VOZES DE BOLSO

Obras clássicas de Ciências Humanas em formato de bolso.

CADASTRE-SE
www.vozes.com.br

EDITORA VOZES LTDA.
Rua Frei Luís, 100 – Centro – Cep 25689-900 – Petrópolis, RJ
Tel.: (24) 2233-9000 – Fax: (24) 2231-4676 – E-mail: vendas@vozes.com.br

UNIDADES NO BRASIL: Belo Horizonte, MG – Brasília, DF – Campinas, SP – Cuiabá, MT
Curitiba, PR – Fortaleza, CE – Goiânia, GO – Juiz de Fora, MG
Manaus, AM – Petrópolis, RJ – Porto Alegre, RS – Recife, PE – Rio de Janeiro, RJ
Salvador, BA – São Paulo, SP